Michel Friedman

Fremd

MICHEL
FRIEDMAN

FREMD

BERLIN VERLAG

Mehr über unsere Autorinnen, Autoren und Bücher:
www.berlinverlag.de

Unser Versprechen für mehr Nachhaltigkeit
Klimaneutrales Produkt
FSC®-zertifiziertes Papier
Hergestellt in Deutschland

FSC
www.fsc.org
MIX
Papier aus verantwortungsvollen Quellen
FSC® C014496

ISBN 978-3-8270-1461-0
3. Auflage 2022

Satz: psb, Berlin
Gesetzt aus der Brando
Druck und Bindung: GGP Media GmbH, Pößneck
Printed in Germany

Für B. S. O. in Liebe und Dankbarkeit

Dies ist ein Buch über das Fremdsein.
Das Fremde – das äußere und das innere.
Wer wie ich bis zum achtzehnten Lebensjahr
mit einem Staatenlosen-Pass lebte,
wer wie ich Eltern hatte, die aus Polen stammten und die Shoah überlebt haben, in Paris aufgewachsen ist und als jüdisches Kind nach Deutschland kam, lebt im Nirgendwo. Ist heimatlos.
Eine Erfahrung, die exemplarisch für viele
Menschenschicksale sein könnte.
So ist dieses Buch allen Menschen gewidmet,
die irgendwo im Nirgendwo leben.

1

Ich bin auf einem Friedhof geboren.

Schmerz,
der keinen Anfang kennt,
der kein Ende kennt.
Manchmal leise,
manchmal laut.
Manchmal versteckt er sich.
Launisch ist er,
hungrig ist er,
hinterhältig.
Meine Mutter,
mein Vater,
meine Großmutter:
Über-Lebende.
Trauernde.
Traurige.
Lebenstraurige.

Ich war ihr Lächeln.
Lächelnde Traurigkeit.
Wie bringe ich euch zum Lächeln?

Wie bringe ich euch zum Lachen?
Wie bringe ich euch Glück?
Zum Leben?
Gescheitert.
In der Regel:
gescheitert.
Ein Kind sollte das nicht sollen,
sollte das nicht müssen,
sollte das nicht wollen.
Sollte von seinen Eltern
zum Glück getragen werden.
Ging nicht,
Pech gehabt.
Wie so viele,
deren Elternwelt gerissen,
zerrissen,
gestört,
verstört,
zerstört ist.
Verfolgte,
Geflüchtete,
Arme,
Kranke,
die ihre Kinder vergessen,
die ihre Kinder zum Überleben brauchen,
die vergessen,
dass Kinder noch nicht wissen können,
dass die Traurigkeit eines Lebens
eine Ewigkeit andauern kann.

2

Ich weiß,
dass du schon zu lange
auf meinen Besuch wartest.
Kann nicht.
Will nicht,
dass du siehst,
wie ich weine.
Um dich, Papa.
Um Mama.
Um euer Leben im Ghetto.
Als du kein Gesicht mehr hattest,
Papa,
keinen Namen,
nicht mehr wert warst
als deine eigene Erinnerung an dich selber,
an dein Selbst,
das es nicht mehr gab,
schon lange nicht mehr gab.
Vergessen.
Sie schlugen zu.
Wieder und wieder.
Jagten dich.

Wieder und wieder.
Und Mama gleich mit.
Wieder und wieder.
Sie dachten,
ihr kommt nie mehr zurück.
Ihr beide,
Haut und Knochen.
Wolltet nach Hause.
Ihr Narren.
Habt immer noch nichts verstanden?
Nach Hause.
Eure Heimat war euch mit Nummern eingraviert.
Dort gehörtet ihr hin.
Das war euer neues Zuhause.
Wolltet weg,
abhauen.
Ihr Dummköpfe!
Ihr Jesusmörder!
Ihr Judenschweine!
Jidkis. Jidkis. Jidkis.
Weg ...
Ihr armen,
lächerlichen,
bespuckten,
feigen
Judenschweine.
Ihr wolltet weg?

Flüchten.
Wegrennen,

so schnell es geht.
Angst
um das eigene Leben.
Weg.
Nackt.
Das eigene Leben retten.
Wieder einmal.
Wohin?
Wieder einmal
flüchten.
Wieder einmal,
wie seit Jahrtausenden,
flüchten.
Aus Ägypten
flüchten.
So schnell es geht:
raus.
Aber wohin?
Wer wollte euch noch haben?
Ihr, die aus dem Nirgendwo kamt.
Brennmaterial.

Ihr seid
nichts.
Niemand.

Auf der Straße:
Sie grölen.
Der Schleim
ihrer Rotze

bedeckt den Boden.
Pass auf,
dass du nicht ausrutschst.
Du fällst mit deinem Gesicht
auf den nassen Asphalt.
»Typisch Jud!«,
schreien sie.
»Nichts kann er, der Jud!«
»Alles kann er, der Jud!«,
schreien sie.
»Er nimmt uns alles.«
»Er ist nichts.«
»Nicht mal nichts.«
»Bitte nicht treten.
Nicht treten«,
murmelst du.
Du verdeckst dein Gesicht
mit deinen schmutzigen,
blutigen Händen,
das Gesicht,
das den Rotz deiner Peiniger
bereits aufgesogen hat.
Mama schreit.
Sie lachen.

Dann:
Ein Mann stellt seine Aktentasche auf den Boden:
dunkler Anzug,
weißes Hemd,
blaue Krawatte,

Brille mit dicken Augengläsern.
Baut sich vor Mama auf,
richtet sich auf.
Seine Hände sind gepflegt,
manikürte Fingernägel.
Zu spät,
zu leise.
Seine Faust rast in ihr Gesicht.

Du spürst wieder Tritte.
Magen.
Leber.
Lunge.
Weg von hier.
Aber wohin?
Wohin nur?
Wohin?

3

Ich bin in Paris geboren.
Mein erster Ausweis:
von den UN.
Staatenloser Flüchtlingspass.
Réfugié polonais.
Türkis,
zwei schwarze Querbalken
am rechten
oberen Rand.
Unsicherheits-Pass.
An jeder Grenze:
besonders lange Kontrolle.
Lange Befragungen.
Abwehrende Blicke.
Angst der Eltern.
Angst des Kindes.

Warum haben die anderen so viel Angst
vor mir?
Ich bin ein Kind.
Warum haben die anderen so viel Angst
vor diesem Dokument?

Es macht meine Eltern sichtbar,
verletzbar,
angreifbar,
macht sie traurig.
Das macht mich traurig.
Ich bin ihr Dolmetscher.
Ihr Übersetzer.
Grenzbeamte
befragen sie auf Französisch.
Sie können nur schwer antworten.
Das Kind kann für sie antworten.
Sie, die aus Polen gekommen sind,
haben nur wenige Worte gelernt.
Das Kind, das in Paris geboren wurde,
spricht in seiner Muttersprache.
Kindheitsberuf:
Lebensübersetzer.

Es war nicht mein erstes Ausländeramt.
Es fing in Paris an.
Préfecture de Paris.
Klassizistischer Bau,
Innenhof.
Schwere,
drei Meter hohe
Eingangstüren.
Meine Mutter und ich,
ihr fünfjähriger Sohn.
Hand in Hand.
Ihre zitterte,

meine schwitzte.
Ein Mann,
neben meiner Mutter.
Der Mann,
neben meiner Mutter.
Er, der seine Aktentasche in der Hand hielt.
Er, der hier immer elegant gekleidet war:
Anzug,
weißes Hemd,
Krawatte,
Einstecktuch.
Er, »der Macher«,
wie man ihn nannte.
Er, der kein Anwalt war,
aber jeden und jede in den Behörden kannte.

Er lächelte,
war fröhlich,
entspannt.
Wir waren ängstlich,
verunsichert,
unsichtbar.
Schon Wochen vor dem Termin.
Zu Hause wuchs die Anspannung.
Zu Hause wuchs die Nervosität.
Das Kind spürte die Veränderung mit jedem Tag,
an dem die Schicksalsfrage näher kam:
Stempel
oder
kein Stempel.

Leben mit
oder
ohne Papiere.
Legal
oder
illegal.

Er, dieser Mann,
der eine verpackte Schachtel in der Hand hielt.
Silbernes Papier,
mit Schleife.
»Pralinen«,
sagte er dem Kind,
»für die Damen.«
Die »Damen«,
Sachbearbeiterinnen auf dem Amt.
Die mit dem Stempel.
Er zwinkerte:
»Manchmal Parfum, manchmal Pralinen.«
Er, dieser Mann,
war so anders als mein Vater.
So fröhlich,
so selbstbewusst.
Er sprach Französisch.
Er beherrschte leichtfüßig
diesen Raum der Angst,
bewegte sich unbeschwert
in diesem Raum,
in dem so viele
verschüchterte Menschen waren.

4

Dann kam Deutschland.

Warum in das Land der Mörder?
Darauf nie eine Antwort von euch.
Nicht einmal ausgewichen seid ihr.
Keine Lügen,
keine Märchengeschichten,
nur Schweigen.

Deutschland:
Ausländerbehörde.
Angstbehörde.
Abwehrbehörde.
Wieder steht ihr in einer Schlange.
An der Hand
euer zehnjähriger Sohn.
Um euch herum
eine Symphonie unterschiedlichster Melodien.
Türkische,
griechische,
italienische.
Auch sie

damals von Hitler angegriffen.
Sie als Menschen.
Ihr als Ungeziefer.
Auch sie
jetzt hier.
Auch hier.
Einmal im Jahr einen Stempel.
Angstbehörde.
Illegal.
Legal.
Ein Stempel.
Unser Flüchtlingspass,
in deutscher Sprache.
Schlange stehen
im Land der Mörder.
Acht Jahre lang.

Dann:
deutsches Abitur.
Wieder ein Stempel.
Der Beamte
hinter seinem Schreibtisch:
gesichtslos.
Gefühllos.
Seine Lippen
farblos.
Seine Augen
verengt zu kleinen Schlitzen.

»Ausländer«,
spuckt sein Mund mir tonlos ins Gesicht.
Ich spucke zurück.
Ich beuge mich nah an sein Ohr:
Bin ich Ausländer?
Inländer?
Wenn ich Inländer bin,
wer ist dann Ausländer?
Wenn ich dazugehöre,
wer gehört dann nicht dazu?
Wenn ich kein Fremder bin,
wer ist dann ein Fremder?
Wo treffe ich dich?
Wo treffe ich mich?
In der Fremde?
Wo ist der Gegenort der Fremde?
Wer bin ich?
Ich bin wer?
Ich bin wer!

Wenn ich Angst vor dem Fremden habe,
wie viel Angst hat der Fremde vor mir?
Und die Angst?
Die Angst ist mein Lebensgefährte.

5

Meine Mutter ist gestorben,
vor Angst.
Kein Augenblick
ohne Angst.
»Seit damals,
an diesem Ort«,
sagt sie.

Dieser Ort:
Ghetto,
Auschwitz.

Sie nimmt Tabletten,
gegen die Angst.
Erfolglos.
Gegen die Erinnerung.
Erfolglos.
Flucht.
Polen.
Frankreich.
Deutschland.
Jahrzehntelang Flüchtling,

mit roten Haaren,
mit blasser Haut.

Und Inek,
auch ein Flüchtling.
Mit schwarzen Haaren,
mit traurigen Augen,
mit einem lächelnden Mund,
der trügt,
weil auch er Angst hat.
Auch das Kind hat Angst.
Es zeigt sie nur nicht.

Inek ist Familienoberhaupt.
Also stark und mutig.
Hat trotzdem Angst.
Albträume.
Nimmt keine Tabletten,
weil Mama schon welche nimmt.
Mama spricht viel.
Vergessen.
Inek spricht wenig.
Vergessen.
Er weiß,
würde er reden,
kämen Blut,
Gedärm,
Schreie
und die Toten
aus seinem Mund gestürzt.

Vergessen.
Da steht er nun,
wartet auf den Stempel.
Wieder.
Und schweigt.
Wieder.
Wie immer.

Dieser verfluchte Stempel,
der ihm Angst macht,
der ihn klein macht,
der ihn zum anderen macht,
der ihm die Tür verschließt
zum Wir.

Einmal Ausländer,
immer Ausländer.
Assimiliert,
trotzdem Ausländer.
Integriert,
trotzdem Ausländer.
Emanzipiert,
trotzdem Ausländer.
Er hat Angst.

Der Stempel,
der ihn zum Bittsteller werden lässt,
wofür er sich hasst.
Geduckt.
Klein.

Wir dulden Menschen
wie dich.
Auf Zeit.
Wofür er sich hasst.
Er verachtet sich.
Und seine Angst implodiert.
Die seiner Vergangenheit,
seiner Erinnerung,
seiner Gegenwart.
Er sieht die schwarzen Raben,
die Schlangen,
die Skorpione.
Sie schleichen,
sie kriechen in seine Seele ein.
Machen sich darin breit.
Seine Seele,
ein verwester Zoo.
Eingesperrt
wie hungrige Tiere in Käfigen,
brüllt er
wie sie.

Er wartet auf den Aufseher,
den Zoo-Wärter,
den Beamten.
Hofft, dass er gut gefrühstückt hat,
den Stempel dabeihat.

6

Was ist der Unterschied zwischen einem Flüchtling und einem gern gesehenen Ausländer?

Die Kreditkarte.

7

Irgendwo im Nirgendwo
hänge ich.
Irgendwo im Nirgendwo
lebe ich.
Ein Zuhause?
Eine Heimat?
Was verstehen sie darunter?
Welchen Preis zahlen sie dafür?
Sind sie freiwillig in diesem »Wir«?
Ich habe Angst
vor dem Wir.
Kein Vertrauen.

Immer wieder musste das Kind sich entscheiden:
Vertrauen oder Misstrauen?
Die Deutschen,
meine Familie
und der fünfzigfache Mord.
Erschütterung.
Atemlosigkeit.
Immer noch.
Meine Eltern,

Überlebende der Shoah.
Alleingebliebene.
Zerfetzte.
Seelenfriedhöfe.
Voller Trauer und Schuldgefühle.
Überleben heißt Schmerz.
Leben heißt Schmerz.
Vergessen:
unmöglich.
Verwandelt
in irgendein Leben.

Meine Eltern und ihre Freunde:
verkrüppelte Körper und Seelen,
amputierte Existenzen.
Ihre Freude war kurz.
Ihre Trauer war ewig.
Sie bestanden aus Erinnerung,
aus Verdrängung,
aus Verzweiflung.
Sie bestanden aus Hoffnung,
die sie verzweifeln ließ,
weil sie nicht wussten,
worauf sie hofften.
Hoffnung
auf das Leben?
Auf ein Leben,
das sie glaubten nicht verdient zu haben?
Misstrauten
der Welt?

Misstrauten
den Menschen?
Haben sie jemals wieder ein Zuhause gefunden?

Das Kind mittendrin.
Zu Hause:
wenig Vertrauen,
viel Angst.
Eine Mutter,
gejagt von Gespenstern.
Ein Vater,
vollgestopft mit Schatten.
Und trotzdem gab es:
Liebe.
Wirklich?
Elternwerden.
Wofür?
Ein Kind.
Warum?
Es gab das Kind,
das in die Augen der Eltern schaute
und darin all die Gespenster und Schatten sah.

Und dann gab es auch noch
Oskar Schindler.
Diesen Mann,
ein Lachen wie Löwengebrüll,
groß wie ein Bär.
Diesen Mann,
der meine Familie,

meine Mutter,
meinen Vater,
meine Großmutter
gerettet hat.
Diesen Mann,
der anders war,
der anders war
als »die«.
Der nach Deutschland zurückkehrte.
Zu »denen«.
Den »Anständigen«.

In diesem Land,
das das Land der Mörder war,
begegnete ihm das Kind zum ersten Mal.
Es war zehn Jahre alt.

Die kindliche Vorstellung von diesem Land:
Überall viele Gefängnisse,
mit vielen Verbrechern,
mit vielen Mitwissern.
Gefängnisse,
voller als der Rest des Landes.
Warnschilder
an allen Wänden:
»Wir haben weggesehen,
wir haben zugesehen,
wir haben mitgemacht,
wir haben gestohlen und geraubt,
wir haben verraten,

wir haben getötet,
gewissenlos.«
Aber das Kind wunderte sich.
Dieses Land sah nicht aus,
wie ein Land von Mördern auszusehen hatte:
Der Wohlstand kroch aus allen Ritzen.
Die Menschen sahen aus wie
Menschen.
Menschen?
Unschuldig.
Sauber.

Überall war es sauber.
Alles war sauber.
Aufgeräumt.
Weggeräumt.
Keine Spuren von früher.
Wiederaufbau.
Wirtschaftswunder.
Was hatte das Kind erwartet?
Gefangene?
Weggesperrte? Monster?
Eingesperrte Verrückte?
Wieso waren all diese Menschen frei?
Wieso sprach niemand über das Verbrechen?
Wieso gab es nirgends Spuren?

8

Jüdischer Friedhof, Frankfurt am Main.

Sagt ein Toter zum anderen:
»Es gibt Hoffnung.«

9

Wer bin ich?
Suche nach einer Antwort –
mit mir selbst gestritten,
mit der Welt gestritten,
versteckt
in einem hinteren Winkel des Gehirns.

»Wer bist du?«
Überraschung.
Irritation.
Zögerlichkeit.
Nachdenklichkeit.
Verständnislosigkeit.
Was soll diese Frage?
Warum stellst du sie?
Was soll das bringen?
Willst du dich umbringen?

Diese Frage,
viel zu selten gestellt.
Der letzte Versuch einer Antwort
viel zu lange her.

Mein Ich ist meine Identität.
Kein Ich ist nur ein Ich.
Mein Ich besteht aus vielen Ichs.
Mein Ich ist
voller Widersprüche.
Meine Ichs
gehen sich auf die Nerven,
ergänzen sich,
erfreuen sich aneinander,
machen Angst,
beruhigen,
stellen mich stumm,
brüllen aus mir heraus,
bringen Bewegung in mein Leben,
machen mich neugierig,
sind kaum auszuhalten.

Verschlossene Türen,
zubetonierte Räume,
brüchige Statik auf schwankendem Boden.

Sehnsucht,
mit meinem Ich übereinzustimmen.
Sinnlose Hoffnung,
authentisch zu sein.
Die Fantasie, sich selbst zu befreien.
Der Wunsch, sich selbst nahe zu sein.
Das Verlangen, sich selbst zu kennen.

Pubertäre Befreiungserfahrungen,
nicht ausreichend.
Das Streben des jungen Erwachsenen,
nicht ausreichend.
Der Wille, ein eigenes Leben zu gestalten,
nicht ausreichend.
Gebremst von der Angst.
Alte Hüllen,
neue Zwänge.
Wirklich Zwänge?
Oder doch Opportunismus?
Oder doch Bequemlichkeit?
Oder doch Feigheit?
Oder doch einfach überleben?

Jeder Mensch
ist ein
einzigartiges Ich,
ein anderes Ich.
Wer ist dieser andere?
Ist er außerhalb meiner selbst?
Ist er das Gegenteil dessen,
was ich glaube zu sein?
Kann mein eigenes Ich nicht beschreiben,
bin mir selbst so fern.
Angst
vor dem Fremden in mir.
So viel Fremdes, das wir in uns tragen.
So viele Geschichten und Gefühle,
in Schließfächern verschlossen.

Glauben,
wir könnten sie bei vollem Licht nicht aushalten.
Verdrängt und vergessen.
Und trotzdem in uns.
Störend.
Zerstörend.

Ein Giftfass mit kleinem Leck,
permanent tropfend.
Die Flüssigkeit
tröpfelt
in kleinen Dosierungen.
Dringt ein,
in den Körper,
im Alltag kaum bemerkt.
Nur von Zeit zu Zeit:
ein stechender Schmerz.

Das Fremde.
Die Sehnsucht nach dem verdrängten anderen.
Furchtbar neue Fragen an mich selbst.

Der Zweifel.
Der Selbstzweifel
und krankhaft verdorbene Freude.
Über das Jetzt-Ich.
Über das Erreichte.
Über das Gefühl, angekommen zu sein.
Über das Gefühl, endlich den letzten Umzug
gemacht zu haben.

Schein-Ruhe.
Der Zweifel stört.
Verunsichert.
Hinterfragt.
Macht gnadenlos deutlich, dass nichts bleibt.
Nicht das Leben.
Nicht das Ich.
Der Zweifel selbst?
Der Zweifel,
der mich in das Fremde führt,
der mich in die Fremde führt.
Der Zweifel,
der mir deutlich macht,
dass Stillstand Rückstand ist.
Lebensnotstand.

Ein Mensch, der sich kennt –
wie wäre das?
Lebenslange Müdigkeit?
Das Ende der Neugier?

Wer bin ich?
Immer noch auf der Suche.
Immer noch ohne Antwort.
Ein Ich im Transit.

10

Ein besonderer Tag:
mein Geburtstag.
Ein Sommertag.
Meine Mutter und ich sitzen im Café.
Sie ist schön.
Dunkelblaues Kleid,
schwarze hohe Schuhe.
Ihre Haare frisch frisiert.
Ich darf zum ersten Mal Eis essen.
Die Bedienung lächelt uns an.
Meine Mutter bestellt einen Kaffee,
»mit viel Sahne«, sagt sie.
Sie lächelt.
Ich bin glücklich.
Weil sie lächelt.
Ich mag es, wenn Mama lächelt.
Es lenkt ab
von ihren traurigen Augen.
Ich schaue auf ihren Mund
und vertreibe meine eigene Traurigkeit
über ihre traurigen Augen.
Ihre Zähne sind schön.

»Und was willst du, junger Mann?«
Ich schaue auf meine Mutter – unsicher.
»Eine Kugel Schokolade, eine Kugel Vanille, eine Kugel Erdbeereis, bitte.«
»Ist das nicht zu viel«, fragt Mama, »für das erste Mal?
Die Erdbeeren nehmen wir das nächste Mal.«
»Wann hast du das erste Mal Eis gegessen?«, frage ich meine Mutter.
Sie erzählt von einem Café in Krakau:
»Eis war etwas Besonderes, sehr teuer«, sagt sie.
»Meine Eltern haben mich an einem Sonntagnachmittag ausgeführt.
Wir waren elegant angezogen.
Erst ein Spaziergang im Park.
Hier und da Bekannte getroffen,
einander zugewunken.
Einen Plausch gehalten.
Mit dabei: meine zwei Brüder und meine Schwester.
Im Park-Café einen Tisch ausgesucht.
Meine Eltern tranken Tee,
und wir, die Kinder, bestellten Eis.
Jeder zwei Kugeln.
Meine Eltern lächelten uns an
und gaben sich einen Kuss –
vor allen Leuten.
Damals: ungeheuerlich.
So etwas machte man nicht.
Wir Kinder waren überglücklich:
Eis essen, und unsere Eltern küssten sich.«

Meine Mutter verstummte und trank ihren Kaffee.
Ihre Augen füllten sich mit Tränen.
Ich wollte nicht,
dass sie weinte,
schon wieder weinte.
Wie immer weinte.
Ich wollte nicht,
dass sie mein erstes Eis-Essen mit ihren Tränen verdarb.
Genauso schnell, wie sie weinte, lächelte sie wieder.
Nahm einen Löffel in die Hand
und rührte mein Eis.
Ich schaute sie mit staunenden Augen an.
Sie rührte mein Eis weiter
und immer weiter.
Rührte, bis es zu Eis-Brei wurde.
Sie gab mir den Löffel und sagte:
»Kaltes Eis ist ungesund, mein Kind.
Du könntest dir den Hals verkühlen,
Bronchitis!«

11

Zu oft gehört,
zu oft schon als Kind gehört:
Du bist Jude.
Du bist ein »ihr«.
Du wirst nie sein wie »wir«.
Außenseiter.
Einzelgänger.
Heimatloser.
Angst vor dieser Welt.
Suche nach Trost-Orten.

Mit zehn Jahren
im verdunkelten Wohnzimmer in Paris:
Bücher.
Bücher, meine Wunderwelt.
Meine Traumwelt.
Meine Fluchtwelt.
Lesen: mein Schutzraum
vor einer feindlichen Welt.
Bis heute.
Und Musik.
Das Kind hörte alles:

Edith Piaf,
Yves Montand,
Juliette Gréco,
Charles Aznavour
und jiddische Lieder aus dem Schtetl.
Hörte die Beatles,
die Rolling Stones,
Simon & Garfunkel,
Cat Stevens
und irgendwann auch Klassik.
Und Filme.

Paris, jeden Samstagnachmittag:
Meine Mutter, mit ihren Freundinnen,
im »Café de la Paix«,
gegenüber der Oper.
Das Kind dabei
und trotzdem allein.
Zwölf Jahre alt.

Ich möchte einen Film schauen,
nehme die Métro.
Fahre bis zur Station »Bonne Nouvelle«.
Ich renne die Treppen hoch
und stehe vor dem Kino »Rex«.
Dieses Eckhaus,
vor über hundert Jahren gebaut,
mein Zauberort:
Kinokarte kaufen.
Türen öffnen.

In einen flauschigen Sessel hineinfallen.
Gleich wird das Licht ausgehen.
Gleich wird die Dunkelheit vom Licht des Films
abgelöst.
Mein Herz rast,
voller Erwartung,
voller Neugier.
Damals: Kino, ein Abenteuer.
Um mich herum
viele Kinder.
Mit ihren Müttern und Geschwistern.
Ich: allein.

Die Musik, die Bücher und die Filme,
Trostwelten,
Schutzwelten,
grenzenlose Welten.
Befreiung aus der Einzelhaft.

Die Einsamkeit ist nie von mir gewichen.
Begleitet mich wie ein Schatten.
Sie ist ein Gefängnis, das ich mir zum Schutz
gebaut habe.
Erdrückende Gefängnismauern.
Ich lebe doch, oder?
Ich atme doch, oder?

12

Winterferien,
Feldberg im Schwarzwald.
Papa-Ferien.
Papa lacht.
Neue Begegnungen:
Skifahren,
Weihnachtsbaum,
gutes Hotel,
gutes Benehmen.
Papa.

Eigentlich ist kein Geld da.
Neue Welt.
Andere Welt.
Lachende Welt.
Glückliche Welt.
Papa ersetzt den Skilift.
Zieht mich mit eigener Kraft den Berg hinauf.
Ich: stolz. Glücklich.
Er: stolz. Glücklich.
Bergab, alle zehn Meter ein Sturz.
Papa hebt mich auf.

Reibt den Schnee von meinem Anorak.
Zehn Meter weiter, wieder ein Sturz.
Papa ist da.
Abends ins Restaurant,
am Weihnachtsbaum vorbei,
groß,
leuchtend,
wunderschön.

Am Tisch:
weiß gedeckt,
viel zu viele Messer, Gabeln, Löffel, Gläser.
Papa schaut sich um,
beobachtet die anderen,
wie sie essen.
Macht es ihnen nach.
Nach dem vierten Abend kann er es auch.
Nachts gemeinsam im großen Doppelbett.
Kitzel- und Knutsch-Attacken.
Papa lacht.
Ich schlafe ein.
Ein Stückchen Glück.

13

Angst vor Ablehnung,
Angst vor Gewalt,
Angst vor Hass,
Angst vor Hetze,
Angst davor, ausgestoßen zu werden.
Einsames Kind,
einsamer Mensch.
Wo gehörst du hin?
Wo ist dein Platz?
Wer möchtest du sein?
Warum wollte man deine Eltern umbringen?
Hätten sie auch dich umgebracht?
Warum will man mich immer noch schlagen?
Warum will man mich immer noch töten?
Keine Sicherheit.
Bedrohung.
Immer
irgendwie.
Mal im Dunkeln,
mal im Scheinwerferlicht.
Niemand will es gewesen sein.
Niemand will etwas bemerkt haben.

Die Zeugen der Zeit sind blind und taub.
Und die, die es nicht sind, leiden an Gedächtnisschwund.
Damals wie heute.
»Euer Problem!«,
rufen sie uns zu.
»Selbst dran schuld!«,
schreien sie uns an.
Sprachlosigkeit,
die einsam macht.
Eingeritzter Schmerz.
Fragt, wen ihr wollt,
Roma,
Sinti,
Queere,
Homosexuelle,
Migranten,
Flüchtlinge.
Fragt, wen ihr wollt,
welche Minderheit auch immer,
fragt sie nach dem eingebrannten Schmerz,
den ihr verursacht
mit eurer hässlichen Unschuld.
Mit der Unschuld,
die ihr euch selber vorspielt,
die Einsamkeit hinterlässt,
die Narben hinterlässt,
die nie verheilen.

14

Seit meinem sechsten Lebensjahr:
Einmal im Monat
schreie ich nach Luft.
Ersticke.
Liege im Bett,
hohes Fieber,
die Bronchien
voller Schleim.
Kein Durchkommen,
für die Luft.
Ich schreie,
ich brülle:
»Reißt die Fenster auf!«
Denke:
Je mehr Luft im Zimmer,
desto mehr Luft in meinen Lungen.
Irrtum.
Erstickungsangst.
Todesangst.
Zapple,
schwitze,
und wieder

und immer wieder
schreie ich nach Luft.
Mama und Papa,
hilflos.

Der Arzt
gibt Antibiotika.
In den Bronchien:
Bakterien.
Der Arzt kommt
jeden Abend.
Meine Eltern
betteln um Hilfe.
»Retten Sie das Kind!«,
rufen sie ihm zu.
Jeden Monat wieder.
Sie sind verzweifelt,
hilflos,
gelähmt,
bis der Arzt wieder kommt.
Wie an jedem Abend.

Irgendwann,
nach einigen Tagen,
meistens nachts,
erbricht das Kind den Schleim,
atmet tief.
Ist berauscht
von so viel Luft.
Einatmen.

Halten.
Ausatmen.
Tief und tiefer,
ruhig und ruhiger.
Im Gedächtnis bis heute:
das Ersticken,
die Todesangst.

15

Mutter
liegt im Bett,
im Krankenhausbett.
Eine weitere Nacht.
Die vierundsechzigste.
Lichter blinken in unregelmäßigen Abständen.
Piepstöne kreischen durch den Raum.
Hektik um uns herum.
Weiße Kittel rasen von Alarm zu Alarm.
Verschleimte Bronchien werden abgesaugt,
Herzstillstände bekämpft,
Spritzen, Infusionen gesetzt.
Intensivstationen sind die lautesten Orte
der Welt.
Danach
letzte Station:
Friedhof.
Noch zerren alle am Sterben,
drücken es weg,
quetschen es weg,
schieben es von links nach rechts:
das Sterben.

Hoffnung auf die andere Tür.
Die Lebenstür.

Ein altes,
40-jähriges Kind
sitzt neben seiner Mutter.
Streichelt ihre Hand.
Sieht ihr eingefallenes Gesicht.
Schaut weg.
Will nicht sehen,
was es sieht.
Schweres Atmen,
leichtes Röcheln,
vierundvierzig Kilo.
Schläuche oben,
Schläuche unten.
Ein Farbtupfer:
gelber Urinbeutel.

Das Kind weiß:
Stirbt sie,
stirbt er.

Papa ohne Mama
lebt nicht.
Fünfundfünfzig Jahre zusammen.
Ehejahre.

Das Kind weiß,
nicht immer Harmonie,

nicht immer Liebe.
Geheiratet im Höllenparadies:
Hotel-Ghetto.
Flitterwochen:
Hunger, Gewalt, Angst.
Das Hotelpersonal:
Deutsche.
Besonderer Service:
Töten.

Das Kind weiß,
stirbt die Mutter,
stirbt der Vater –
stirbt es auch.
Sehr viel früher schon
die Ausweglosigkeit
des eigenen Lebens.

Mutter öffnet die Augen:
»Geh nach Hause.«
»Geh zu Papa.«
»Geh schlafen.«
Das Kind lächelt.
Noch drei Stunden.
Seine Lieblingsschichten
im Krankenhaus:
von 8 Uhr bis 18 Uhr.
Dann Papa.
Dann wieder von 22 Uhr bis 6 Uhr
bei Mama.

Sie lebt,
er lebt,
das Kind lebt.
Noch.

16

Nerven zittern.
Lebenslang.
Unruhe.
Angst.
Lähmung.
Aufgeregtheit.
Schüchternheit.
Kontrollverlust.
Nerven schreien.
Brüllen.
Zerren.
Grenzenlos.

Nachmittags:
in der Innenstadt.
Drei Jugendliche.
Pickel.
Bartflaum.
Wollen ins Kino.
Stehen auf der Straße.
Reden und lachen.

Männer kommen auf sie zu.
Der eine ruft:
»Hey, dicke Sau!«
Mein Freund ist gemeint.
»Du Fettkloß!«
Während er brüllend spuckt,
wird der verbliebene Abstand
kleiner,
gefährlicher.
»Mongo-Arsch!«,
brüllt der zweite Mann.
Das Kind tritt vor,
zitternd:
»Was soll das?«
Noch mehr zitternd:
»Lasst ihn in Ruhe!«
»Wer bist du, Schwächling?«
»Lasst ihn doch bitte einfach in Ruhe.«

Dann nichts.
Wie lange?
Viele Menschen um das liegende Kind.
Rückenschmerz.
Harter Boden.
Blut.
»Glück gehabt«,
sagen die Freunde,
»die Männer sind weg.«
Sie haben sich gelangweilt.
Schwächlinge langweilen sie.

Sind nicht mehr als einen Schlag wert.
Schwächlinge.

17

Mama telefoniert.
Mama telefoniert gern.
Mama spricht gern mit Menschen.
Das hilft Mama.
Lebendige Stimmen
ersticken tote Stimmen.

Paris:
Das Kind ist zwei Jahre alt.
Neugierig.
Will alles wissen,
fasst alles an.
Kleine Hände
berühren,
tasten,
suchen.
In der Küche kocht ein großer Topf Wasser.
Für die Wäsche.
Das Kind läuft,
stolpert.
Steht auf,
stolpert.

Stolpert immer seltener.
Stolpert in die Küche.
Schaut sich um.
Ist neugierig.
Öffnet Schubladen.
Salz.
Zucker.
Pfeffer.
Mehl.
Ein Keks.
Das Kind sieht Kekse.
Schokoladenfinger.
Voller Mund.
Das Kind sieht die Schublade mit den Messern.
Verboten.
Das hat das Kind schon gelernt.
Es stolpert weiter,
während die Mutter telefoniert.
Das Kind sieht den Topf.
Hört das Brodeln.
Das Kind ist neugierig.
Das Kind hebt seine Schokoladenhände
in Richtung Topf.
Zieht und zerrt daran.
Der Topf,
das kochende Wasser,
landet auf dem Kopf des Kindes.
Das Kind brennt,
verbrennt.
Schreit.

18

Jedes Wochenende fahren wir nach Paris.
Großmutter.
Sie wollte nicht mit nach Deutschland,
in das »Mörderland«, wie sie sagte.
Freitagnachmittags hin,
Sonntagnacht,
im Schlafwagen,
zurück.
Schnell in das andere Zuhause,
frische Kleidung anziehen,
in die Schule.

Grenzbeamte.
Uniform.
Kopfbedeckung.
Pistole auf der rechten Seite.
Woche für Woche.

Harte Grenze.
Nachkriegsgrenze.
Nachnazizeitgrenze.
Eltern und ein Kind.

Keine Staatsbürgerschaft.
Keine echten Papiere.
Ersatzpapiere.
Staatenlos.
UN-Flüchtlingspass.
Immer wieder
diese Fragen.
Abweisende Fragen.
Böse Fragen.
Schmerzfragen.

Meine Eltern:
Muttersprache Polnisch.
Ihr Französisch:
nicht gut.
Ihr Deutsch:
auch nicht gut.
Grenzbeamte mögen das nicht.
Ausländersprache
mögen Grenzbeamte überhaupt nicht.

Mama und Papa –
unsicher.
Eingeschüchtert.
Sie machen sich klein –
unauffällig sein.
»Du musst den Mund halten«,
sagen sie mir.
»Als wärst du gar nicht da«,
sagen sie.

Ich mag sie nicht,
die Grenzbeamten.
Ich mag sie nicht,
die Pässe,
die anderen Papiere.
Wer sie hat:
ein Mensch.
Wer sie nicht hat:
kein Mensch.
Für die Grenzbeamten.
Ich mag sie nicht,
meine Eltern.
Wenn sie sich unsichtbar machen.
»Warum haben wir keine guten Papiere?«,
will ich meine Eltern fragen.
Frage nicht.
Schäme mich
für die Frage.
Sie gehen weiter,
die Grenzbeamten.
Zum Nächsten.
Erleichterung.

19

»Fahrradfahren ist gefährlich«,
sagt Papa.
»Du kannst dich verletzen.«
»Du kannst stürzen.«
»Du kannst überfahren werden.«
»Du kannst sterben.«

Papa, denke ich:
Es ist doch nur Fahrradfahren!

Dann endlich:
Neun Jahre alt.
Mein erstes Mal.
Ein Fahrrad.
Fester Tritt in die Pedale.
Papa läuft neben mir.
Zur Sicherheit.
Ich lache.
Große Freude.
So viel Glück.
Er und ich.
Wir.

»Fall nicht um!«,
ruft er mir zu.
»Wie denn?«,
frage ich,
»mit einem Fahrrad mit Stützrädern.«

20

Brennende Schmerzen.
Krankenhausbett.
Arme ausgestreckt,
Hände am Bett angebunden,
das Kind schreit.
Überall blutige Hautfetzen.
Verbrennung dritten Grades.
Am linken Oberkörper,
Richtung Hals:
keine Haut,
kein Fett,
nur Knochen.
Zuvor:
eine Krankenschwester.
Hilflos.
Zitternd,
wie sie mit einer Schere
den Wollpulli in zwei Teile schneidet.

Erschrockener,
verstörter
Blick.

An der Wolle hängen:
Haut und Fett.
Das Kind ist ohnmächtig.
Zu viel Schmerz.
Wie Nadelstiche.
Schmerz
wie Feuer.
Das Kind brennt lichterloh.
Das kochende Wasser aus dem Topf,
verdampft.
In die tiefsten Fasern seines Körpers.
Zwischendurch:
Das Kind öffnet seine Augen.
Große braune Augen.
Keine Wimpern mehr,
verbrannt.
Keine Augenbrauen mehr,
verbrannt.

21

Nicht mehr Ausländeramt.
Jetzt: Einwohnermeldeamt.
Nicht mehr bedroht
und unerwünscht.
Jetzt: geduldet.
Endlich:
das richtige Dokument.
Dokumente sind wichtig.
Manche sagen:
das Wichtigste.
Richtige Papiere
sind Tür-Öffner,
sind Lebens-Öffner,
sind Universalschlüssel
zum Wir.
Einbürgerungsurkunde.
Deutscher Reisepass.
Personalausweis.
Das Kind ist 18 Jahre alt
und jetzt offiziell Deutscher.
Schüttelfrost.
Lebensmittelpunkt: Deutschland.

Schüttelfrost.
Zukunft: Deutschland.
Schüttelfrost.

Nächte nicht geschlafen.
Das Kind wollte weg.
Sehr weit weg.
Nie verstanden,
warum seine Eltern hier lebten.
1970er-Jahre.
Hass auf Fremde.
Italiener sind »Spaghettifresser«.
Türken »stinken nach Knoblauch«.
Griechen auch.
Juden sind nur da,
um ein schlechtes Gewissen zu machen.
Viele sind »Kanaken«.
Die Fremden
leben in ihren Ghettos.
Wenige haben es in den Mittelkreis geschafft.
Bleiben außerhalb,
bleiben Kanaken,
sagen sie.
Menschenhass.

Ganz kurz vorher:
Das Kind hat ein Visum,
für New York.
Nichts wie weg.
Große, weite Welt.

Freiheit.
Das Kind steht vor seiner Mutter,
vor seinem Vater.
Stolz.
Alles selbst organisiert.
Mutter und Vater sitzen am Esstisch,
ein Kronleuchter strahlt hell.
Das Kind sagt:
»Ich bin glücklich.«
Schweigen.
Sekunden,
die ihm vorkommen wie Ewigkeit.
Mutter sagt mit leiser Stimme:
»Willst du uns allein lassen?
Willst du uns umbringen?«
Wieder Sekunden.
Jetzt Blitzgeschwindigkeit.
Das erste Mal:
Das Kind muss sich entscheiden,
links abbiegen
oder rechts abbiegen?
So oder so,
entweder oder,
alles oder nichts.
Wieder Sekunden.
Jetzt Blitzentscheidung:
Das Kind zerreißt das Visum.
Es bleibt.
Es wird Deutscher.

22

Das Kind hat keine Fingernägel,
schon lange nicht mehr.
Angeknabbert,
aufgefressen,
abgekratzt.
Das Nagelbett blutig,
die Gewebeweichteile
entzündet,
eitrig,
geschwollen.
Zerstörung.
Selbstzerstörung.
Selbstverstümmelung.
Das Kind kann nicht anders,
will anders.
Muss es trotzdem immer wieder tun,
schämt sich.

Alle können es sehen.
Die flache Hand verschwindet,
die Faust soll es verstecken.
Alle können es sehen,

den Finger im Mund,
die zerstörte Hand.
Alle können es sehen,
das zerstörte Kind.

Nachts im Bett
sind die Fußnägel dran.
Akrobatische Leistung,
Fußkrümmung,
Muskelübung,
Fuß Richtung Mund.
Kriegsschauplatz.
Offene Wunden.
Blutspuren
auf weißen Laken.
Jahrelang.

23

Ich bin so viele.
Nicht nur ein Ich.
Ich bin auch nicht Wir.
Das Wir kostet zu viel.
Kostet zu viel Ich.
Das Wir saugt das Ich auf.
Macht dich anders.
Macht dich rund.
Macht dich nett.
Macht dich unsichtbar.
Macht dich langweilig.
So langweilig.
Belohnt dich mit »Wir«.
Giftiges Geschenk.
Wir verführt.
Wir lächelt dich an.
Verspricht dir Schutz.
Hilfe.
Wärme.
Zusammenhalt.
Erdrückt dich.
Zerquetscht dich.

Wir verlässt dich auch.
Lässt dich im Regen stehen.

Du bist einzigartig.
Du auch.
Und auch du.
Auch ich.
Das Wir hat einen Preis:
Einzigartigkeit!
Das Wir schreit nach
Mitspielen.
Nicht fragen.
Noch einmal genickt.
Noch einmal gelächelt.
Noch einmal geschwiegen.
Noch einmal nichts gesehen.
Noch einmal nichts gehört.
Und immer öfter nichts gewusst.
Bewusstlos erschöpft.
Wenn ihr wir werden wollt,
müsst ihr werden,
wie wir sind.

Das Wir tanzt und lacht,
das Ich trauert und weint.

Hilfe.

24

Kaum Überlebenschancen.
Das Kind:
gefesselt,
angebunden.
Tage,
Wochen,
Monate.
Immer noch
zu viele Brandwunden.

Schuldgefühle bei Mama.
Schlechtes Gewissen.
Schuld.
Nicht aufgepasst.
Und das Kind:
schlechtes Gewissen.
Schuld.
Nicht aufgepasst.
Papa hat es gut,
kein schlechtes Gewissen.
Keine Schuld.
Keine Schuldgefühle.

Keine Giftgefühle.
Keine Zerstörungsgefühle.
Die Ärzte:
schweigen.
Schlechtes Zeichen.
Das Kind denkt:
Mama und Papa sind böse.
Sind traurig,
seinetwegen.
Papa ist böse auf Mama,
ihretwegen.
Nicht aufgepasst.
Das Kind denkt:
Papa wird lange böse sein auf Mama.
Das Kind denkt:
Papa liebt Mama nicht mehr.
Liebt auch das Kind nicht mehr.
Fehler gemacht.
Schlechtes Gewissen.
Schuldgefühle.

25

Rollkragenpulli im Juli.
»Du darfst dich nicht erkälten«,
sagt Mama.
»Das ist gefährlich«,
sagt Mama.
»Frieren ist gefährlicher als schwitzen«,
sagt Mama.

26

Ich kann nicht mehr.
Mache weiter.
Ich kann nicht mehr.
Na und?
Ich kann nicht mehr.
Was dann?
Ich will sie nicht,
die Verantwortung.
Lebenslang.
Wie lächerlich.
Die Welt retten?
Wenigstens die kleine,
die eigene?
Du musst,
schreit es in mir.
Eingraviert.
Was kann der Einzelne schon tun?
Feige Ausrede.
Verfluchter Oskar Schindler.
Stimmt nicht,
stimmt nie.
Eingraviert.

Mama, Papa leben.
Du lebst.
Handeln statt reden.

Die Wölfe heulen.
Zeigen ihr blutiges Gebiss.
Jeden Tag.
Es ist zum Schreien,
es ist zum Weinen,
dass sie es zeigen.
Die Wölfe haben ihren Schafspelz ausgezogen,
sie haben ihn nur kurz getragen.
Sind frei,
wieder.
Dürfen,
wieder.
Jagen,
wieder.

Wir:
Zeugen der Zeit.
Sie geifern.
Sie versprühen Gift.
Hass.
Menschenhass.

Wer nicht Wolf ist,
ist fremd.
Wer fremd ist,
ist niemand.

Nur sie sind jemand.
Wer nicht Wolf ist,
ist rechtlos,
ist Freiwild.
»Wo kommen sie plötzlich wieder her?«,
fragen die Wirs.
Sind überrascht,
die Wirs.
»Ist nicht so schlimm«,
sagen sie.
»Was kann man schon tun?«,
sagen die Wirs.
»Es braucht Mut, um etwas zu tun«,
sagen sie.

Sie sagen es schon so lange,
dass sie es selbst glauben.

27

Das Gedächtnis:
Erinnerungsbetrüger.
Taschenspieler.
Billige Tricks.
Nicht erkennbar,
nicht sichtbar.
Gaukler.
Verführer.
So viele nicht gelebte Leben.
War es wirklich so?
War alles doch ganz anders?
Ich grabe
mit meinen Händen
in der schleimigen,
dunklen Leere meines Gehirns.
Suche nach den Nervenzellen,
ihren Synapsen.
Den Gedanken
und ihren Brücken.
Sie zerbröseln
zwischen meinen Fingern,
bilden im gleichen Augenblick neue Zellen,

neue Synapsen
der Erinnerung.
Täuschung.
Selbsttäuschung.
Erzähltes wird wahr.
Erträgliches auch.
Schmerzhaftes:
in den Mülleimer.
Unwiederfindbar.
Auf immer zerstört.
Gedächtnis,
Spiegelbild
der Wunschvorstellungen.
Zerrbild
des Gelebten.
Unzuverlässig.
Gefährlich.
Nichts ist so,
wie die Erinnerung es dir erzählt.
Besonders gefährlich:
die Erzählungen der anderen.
Gedächtnistrost.
Eine neue Hülle,
eine weitere Hülle,
die das Gewesene
erträglich werden lässt.
Ein schöner Mantel,
der das zerkratzte,
blutende
Fleisch

umhüllt.
Hoffentlich lange kein Windstoß,
der den Schleier lichtet.

Erzählung meiner Eltern:
Die Krankenschwestern haben dich geliebt,
mein Kind.
Sie nannten dich
den kleinen »Monsieur Oui«,
weil du immer »Ja« gesagt hast.
Ja –
lieben alle.
Sie liebten deine schwarzbraunen Locken.
Nach einem Jahr,
als du gingst,
waren sie traurig.
Einige weinten.
Du hast gewunken.
Wolltest auch nicht weg.
Du fandest es schön
auf der Station,
mit den Schwestern.
Daran geglaubt,
an die Geschichte.
Jahrzehntelang.
Tröstend.
Erfolgsgeschichte.
Schmerzfrei.
Lügen.

28

Jüdischer Friedhof, Frankfurt am Main.

Sagt ein Toter zum anderen:
»Das Leben ist wunderbar.«
Fragt der andere:
»Was für ein Leben?«

29

Anfang zwanzig:
eine deutsche Straßenbahn.
Nach einem langen Sommer:
gebräunte Haut,
langes,
gelocktes
schwarzes Haar.
Das Kind studiert.
Das Kind hat Freundinnen.
Das Kind ist ein Mann.
Er ist frei,
ein wenig.
Nicht genug.
Das erwachsene Kind stehend.
Zwei Frauen sitzend,
neben ihm.
»Was meinst du –
Türke?
Araber?«
Die andere antwortet:
»Vielleicht Inder.«
»Halte deine Tasche fest!«

30

Staatenloses Kind.
Migranten-Kind.
Juden-Kind.
Lebensaufgabe dieser Kinder:
Eltern glücklich machen.
Eltern stolz machen.

Sie sagen:
Wir hatten es schwer,
du sollst es besser haben.
Wir können die Sprache nicht,
du musst sie für uns sprechen.
Wir hatten wenig Schule,
du musst lernen.
Für uns.
Für dich.
Für die anderen,
die ohne Chance auf Leben.
Musst besser sein.
Noch mehr lernen.
Du bist nie die.
Deshalb musst du noch mehr lernen.

Sie sehen dich –
nicht.
Lerne.
Überlebe.
Lerne.
Hole auf.
Sie rennen,
immer schneller,
weiter
als du.
Hole sie ein.
Lerne.
Renne.

Papa liest:
Frankfurter Allgemeine Zeitung.
Jeden Abend.
Im Esszimmer.
Über ihm:
der Kronleuchter.
Auf dem Tisch
aufgeschlagen:
Doppelseiten.
Buchstabenchaos.
Er flüstert
die zusammengesetzten Buchstaben.
Worte werden hörbar.
Papa braucht lange.
Manchmal
sitze ich daneben.

Lese vor.
Keine Buchstaben,
sofort: Worte.
Keine Worte,
sofort: Sätze.
Keine Sätze,
sofort: Absätze.
Papa lächelt,
stolz.
Ich schaue auf Papa,
beschämt.
Weiß nicht, warum.
Papa sagt:
»Du hast nur eine Chance.
Werde klug.
Lerne.
Sie können dir alles nehmen,
nur nicht das,
was du im Kopf hast.«
Papa setzt wieder seine Brille auf
und liest.
Buchstabe für Buchstabe.
Jeden Abend.
Jahrelang.

31

Ich halte ihre Hand.
Warm
und zerbrechlich.
Nur noch neununddreißig Kilo.
Seit drei Tagen:
bewusstlos.
Mama hat sich abgeschaltet.
Einfach so.
Reden –
nicht mehr möglich.
Stummgeschaltet.
Plötzlich.
Keine Lust mehr gehabt,
mir zuzuhören.
»Bleib am Leben!«
»Geh nicht weg!«
»Gib mir Zeit!«
»Ich brauche dich!«
»Ich liebe dich!«
»Ich bin dein Kind.«
»Lass mich nicht im Stich.«
Hunderte Male,

tagelang,
immer wieder.
Plötzlich:
ausgeschaltet.
Das Kind weiß:
Jetzt stirbt sie.
Ihre Hand:
warm und zerbrechlich.
Die Hand des Kindes:
kalt und feucht
vor Angst,
vor Verzweiflung.
Stirbt sie,
stirbt er,
denkt das Kind.
»Und du?«,
fragt sich das Kind.
Noch einmal,
ein letztes Mal.
Grelles Licht
aus den piepsenden Geräten.
Ärzte rennen.
Pfleger hinterher.
Der nächste Morgen:
Es wird hell.
Ihre Hand:
ist kalt.

32

Was Papa kann:
Auto fahren.
Elegant sein.
Verantwortlich sein.
Fleißig sein.
Arbeiten.
Schuften.
Tanzen.

Was Papa nicht kann:
Lachen.
Reden.
Einfach so reden.
Hören.
Ein kaputtes Ohr.
Zertrümmert vom Gewehrkolben
eines Deutschen,
in der dunklen Zeit.
Witzig sein.
Leichtfüßig sein.
Umarmen.
Ohne Mama leben.

33

Arme Mama.
Schreibt und schreibt.
Nacht für Nacht.
Kann nicht schlafen.
Schreibt.
In die ganze Welt.
Hunderte Briefe.
Schreibt:
liebe Worte.
Sehnsuchtsworte.
Schreibt:
traurige Worte.
Verzweifelte Worte.
Schreibt einfach so.
Was sie isst.
Was sie tut.
Was sie kocht.
Kann nicht schlafen.
Nacht ist Gefahr.
Bedrohung.
Wenn sie schreibt,
sind alle Lichter an.

Sie schreibt die ganze Nacht.
Sie schreibt:
Über Träume.
Über Sehnsüchte.
Sie schreibt:
Wie geht es?
Was gibt es?
Alle gesund?

Tagsüber schreibt sie nicht.

Morgens –
sie besucht:
Die Apothekerin.
Den Lebensmittelhändler.
Den Fischhändler.
Den Schuster.
Den Friseur.
Den Gemüsehändler.
Die Blumenhändlerin.
»Guten Morgen«,
sagt sie.
Fröhliche Stimme.
Traurige Augen.
»Wie geht es?«,
»Was gibt es?«,
»Alle gesund?«,
fragt sie.
Nachmittags –
Kaffeetreffen,

mit Freundinnen.
Danach –
telefonieren.
»Wie geht es?«,
»Was gibt es?«,
»Alle gesund?«,
fragt sie.

Arme Mama.
Schenkt und schenkt.
Dem Arzt
eine Käsesahnetorte.
Papas Sekretärin
Blumen.
Der Sachbearbeiterin in der Volksbank
Pralinen.
Der Kosmetikerin
Wochenmagazine.
Dem Obdachlosen
Kaffee und Brötchen.

Arme Mama.
Schenkt und schenkt.
»Warum?«,
fragt Papa.
Mama:
»Vielleicht hilft es.«
»Warum?«,
fragt Papa.
»Weiß nicht.«

»Wozu?«,
fragt Papa.
»Es tut mir gut.«
»Es wird nichts helfen«,
sagt Papa.
»Sie werden dich nicht beschützen«,
sagt Papa.
»Sie werden sich nicht erinnern«,
sagt Papa.

34

Zweihundertsiebenundfünfzig Tage
nach Mamas Tod.
Stirbt sie,
stirbt er.
Papas Sterbeversuche.

Schwere Lungenentzündung.
Habe dich keine Sekunde aus den Augen gelassen.
Habe dich gewaschen,
habe dich rasiert,
habe dich parfümiert.
Habe dich gefüttert.
Habe dir deinen Pyjama angezogen.

Habe wieder nicht geschlafen.
Habe immer noch nicht geschlafen.
Aufgehört zu schlafen.
Habe dich angefleht,
dir gedroht.
Habe dich angebettelt.
Habe dich erinnert:

Lebe.
»Wozu noch leben?«,
fragtest du.
»Stirbst du,
sterbe ich«,
sagte ich.
Kurze Besserung.
Durchatmen.

Wir sitzen am Küchentisch.
Sommerende.
Vögel zwitschern.
Papa hört sie nicht.
Hörgeräte im Schlafzimmer.
Papa kaut ein Stück Brot,
mit Frischkäse.
Papa sagt:
»Mein Leben ist vorbei.
Mama ist tot,
und du bist
erwachsen.
Über vierzig Jahre alt.
Brauchst mich nicht mehr.
Darfst mich nicht mehr brauchen.«

Nimmt meinen Kopf
in seine Hände,
voller Altersflecken.
Beugt sich zu mir,
gibt mir einen Kuss.

Linke Backe.
Rechte Backe.

Papa geht es besser,
denke ich.
Alles wird gut,
denke ich.
Noch ein bisschen Zeit,
denke ich.

Kurz danach:
Papa trinkt weniger,
unbemerkt.
Papa isst weniger,
unbemerkt.
Schluckt kaum mehr Tabletten,
unbemerkt.

Papa hat mich reingelegt.
Hat mich verlassen,
einfach so.

35

Nie gewusst,
wie viele Tränen
ich weinen kann.
Nie geahnt,
wie traurig
ich sein kann.
Nie gespürt,
wie traurig
Trauer sein kann.

Immer Angst
davor gehabt.
Es geahnt.
Wo seid ihr?
Wie soll ich leben?
Wofür soll ich leben?
Von euch
nicht vorbereitet
auf das Leben.
Von euch
nicht vorbereitet
auf den Tod.

Warum nicht?
Ihr wusstet es besser.
Hattet die Erfahrung
mit dem Tod.
Trauer bringt um.
Trauer lähmt.
Trauer zerstört.
Zumindest am Anfang,
der lange dauern kann.
Keine Hilfe
von euch.
Kein Hinweis.
Kein Rat.
Wie lebt man?
Weiter.
Ohne Liebe.
Ohne Menschen,
die man liebt.
Kaum ein Auge zu,
kein Schlafen mehr.
Ertrinken nur
im reißenden
Tränen-Fluss.
Kein Leben in Sicht.
Kein Fühlen mehr,
nur bleischwere Trauer.
Mich selbst
abgeschlossen.
Um mich
hohe Mauern.

Trauergefängnis.
Jeden Tag neu
so tun,
als ob.

Aus dem Bett.
Zähne putzen.
Toilette.
Hände waschen.
Duschen.
Rasieren.
Anziehen.
Rausgehen.
Arbeiten.
Essen.
Toilette.
Hände waschen.
Zähne putzen.
Ins Bett.
Weinen.
Tränen-Meer.

Kein Zeitgefühl.
Kein Menschengefühl.
Kein Lebensgefühl.

Nur:
Tränengefühl.

36

Das Kind
liebt
Zirkus.
Das Kind
ist
aufgeregt.

Immer im November:
Zirkusmonat.
Riesenzelt.
Rot-
blau-
weiß-
gestreift.
Musik.
Wunder-Foyer.
Eis.
Schokolade.
Zuckerwatte.
Gummibärchen.
Süßigkeiten-Paradies.
Bunte Manege.

Affen.
Pferde.
Elefanten.
Löwen.
Popcorn.
Jongleure.
Zauberer.
Akrobaten.
Seiltänzer.
Trapezkünstler,
die durch die Luft fliegen.
Aufschrei.
Sie stürzen
nicht ab.
Das Orchester.
Geigen.
Klavier.
Gitarren.
Trompeten.
Trommeln.
Artisten.
Clowns,
weiß geschminkt,
roter Mund.
Bunte Kostüme.
Ein Clown klein.
Ein Clown groß.
Jagen durch die Manege.
Eine Runde.
Noch eine Runde.

Plötzlich:
Bein gestellt.
Der Kleine stürzt.
Alle lachen.
Weiter geht's.
Der Große,
Hammer in der Hand.
Haut den Kleinen
auf den Kopf.
Alle lachen.

Das Kind nicht.

37

Kleines Kind.
Großes Kind.
Außenseiter-Kind.
Einzelgänger-Kind.
Will dazugehören.
Will mitmachen.
Will Schulter klopfen.
Will mitschwimmen.
Will verschwimmen.

Sucht nach dem Schlüssel,
der Eintrittskarte,
dem Ausweis,
dem Code-Wort.

Zappelt hin und her.
Gibt, was es kann.
»Integrier dich!«,
schreit es sich an.
Das sagen sie
Kindern wie ihm.
Es tut, was es kann,

lebenslang.
Schafft es nicht.
Will es doch nicht.
Will es doch.
Versteht es nicht.
Versteht es.
Will es nicht verstehen.
Weiß nicht,
was sie meinen.
Weiß zu gut,
was sie meinen.
Will nicht mehr wissen,
was sie meinen.
Weiß nicht,
wozu,
warum.
Weiß zu gut,
wozu.

Klassenfahrt:
Schullandheim.
Pubertät.
Achtbettzimmer.
Mutproben.
Gemeinheiten.
Machtspiele.

Das Kind ist schüchtern.
Das Kind hat Angst.
Spätabends,

der Lehrer schläft,
die Jungs tuscheln.
Ohne ihn,
wie immer.
Sein Traum:
mit ihm.

Er geht hin:
will mitmachen.
Darf nicht mitmachen.
Muss mitmachen,
endlich.

Sie schauen ihn an.
Sie schauen sich an:
»Du musst etwas tun,
dann vielleicht.«
Sie lächeln.
Der Junge hat Angst.
Dazugehören.
Unbedingt.
Bedingungslos.
Endlich.
Die Jungs
ziehen ihre Hosen runter.
Ziehen sich
Präservative über.
Handgelenke schwingen
auf und ab.
Drei Stück,

vollgefüllt.
»Nimm sie!«,
sagen sie.
Sie lächeln.
Der Junge hat Angst,
noch mehr.
»Aussaugen!«,
sagen sie.
Sie lächeln.
Der Junge hat Angst,
noch mehr.
»Dann bist du einer von uns«,
sagen sie.
Der Junge hat keine Angst,
nicht mehr.
Er will so sehr
dazugehören.
Endlich,
vielleicht,
hoffentlich.

Übelkeit.
Die ganze Nacht.
Unbewegt im Bett.
Dazugehören?
Warum?
Wozu?

38

Hingefallen.
Gestolpert.
Knie aufgerissen.
Tränen vor Angst.
Tränen vor Wut.
Tränen vor Scham.
Tränen vor Erleichterung.
Tränen vor Anstrengung.
Tränen vor Verzweiflung.
So oft hingefallen.
Zu oft verletzt.
Hilflos liegen geblieben.
Nicht enttäuschen –
auf keinen Fall
enttäuschen.
Nicht versagen.
Da sein,
um Glück zu bringen.
Lebenskraft
zu bringen.
Sinn
zu bringen.

Sie brauchen es.
So sehr.
Zum Verzweifeln sehr.
Sie, die verzweifelt sind.
Voller Trauer.
So viele Tote,
in ihnen verborgen,
vergraben,
versteckt.
Sie, Friedhöfe der Erinnerungen,
der Schatten und der Geister.
Sie, die gesehen haben,
was Hölle ist.

Blauer Brief,
schlechte Noten.
Das Kind am Tisch
weint.
Schaut nach links,
schaut nach rechts,
schaut nach oben,
schaut nach unten.
Scheut ihre Augen.
Enttäuschung,
Irritation,
Versagen.

Der Lehrer:
auch am Tisch.
Das Kind hat gelogen.

Immer wieder,
viel zu oft.

Der Schein:
Alles gut in der Schule.
Die Wahrheit:
Nichts gut in der Schule.
Eine Katastrophe.
Zwei Jahre Gymnasium:
fremde Sprache,
keine Hilfe,
Bartstoppel,
Pickel,
Schamhaare.
Wird schon gut gehen.
Nichts geht gut,
alles geht weiter.

»Was tun?«,
fragt Papa.
»Noch eine Arbeit,
in jedem Fach«,
sagt der Lehrer,
»die letzte Chance.«
»Wie soll ich helfen?«,
fragt Papa.
»Er kann es,
wenn er will«,
sagt der Lehrer.
Guter Lehrer,

lieber Lehrer,
danke, Lehrer.
Einundzwanzig Tage
zum Lernen.
»Nicht aufgeben«,
sagt Papa.
»Steh auf«,
sagt Papa.
»Geht nicht
geht nicht.
Weitermachen«,
sagt Papa,
»Leben ist Weitermachen,
sonst nichts«,
sagt Papa.

Papa schließt sein Pelzgeschäft –
einundzwanzig Tage.
Sitzt neben mir –
drei Wochen lang.
Ich lerne,
Papa kann nicht helfen,
nur sitzen.
Hat zu wenig gelernt.
Hitler kam zu früh,
schloss seine Schule.
Papa sitzt da,
Papa schaut mir zu.
Ich lerne.
Er sitzt.

Er ist da,
einfach da,
mein Papa.
Einundzwanzig Tage.

39

Freitags.
Mitternacht.
Disco.
Türsteher.
Türsteher sind wichtig.
Türsteher sind mächtig.
Türsteher sind stark.
Türsteher mögen mich.
Ich will, dass sie mich mögen,
mich beschützen,
auf mich aufpassen.
Wissen,
dass ich verletzlich bin.

Sie: breitschultrig.
Ich: schmächtig.
Ich mag Türsteher.
Sie: muskulös.
Ich: nicht.
Ich rede gern mit Türstehern.
Sie: kennen die Menschen.
Ich: nicht.

Ich stehe
neben Türstehern,
stundenlang.
Machen mir keine Angst.
Nacht
macht mir Angst.
Disco
macht mir Angst.
Viele Menschen
machen mir Angst.
Rausch
macht mir Angst.
Kontrollverlust
macht mir Angst.

Irgendwann:
Tanzen.
Drinnen sein.
Zuckende Marionetten.
Hüpfende Körper.

Jeder für sich,
jeder allein,
viele zusammen –
trotzdem allein.
Tanzen.

Hardrock:
laute Musik.
Erschöpfende Musik.

Aufbauende Musik.
Verzerrte Musik.
Verstörende Musik.
Laut,
am lautesten.
Tanzen.

Ich falle
in die Musik,
mit geschlossenen Augen.
Zeitlos.
Sekunden,
Minuten,
Stunden.
Schwitzend,
hüpfend,
Hände in den Himmel werfend.
Meine Schutzengel
an der Tür
passen auf –
auf mich.
Während ich vergesse.

40

Semesterferien:
Urlaub allein.
Wochenlang allein.
Am Meer.
Verwöhnprogramm.
Hotelprogramm.
Allein im Doppelbett.
Nicht immer,
aber zu oft.

Lesen –
wie schön.
Fallen,
hineinfallen.
In den Büchern:
Menschen,
Unbekannte.
Ihr Leben
sichtbar
durch ein Schlüsselloch.
Sie leben.

Und ich?

Lesen.
Sonne.
Wärme,
süchtig nach Wärme.
Tröstende Wärme,
umhüllende Wärme.
Nackte Haut.
Empfindliche Haut.
Verbrannte Haut.
Sonne.

Wenig Geld.
Kleine Restaurants.
Spaghetti:
Mit Tomatensoße.
Mit Pesto.
Alio e olio.
Amatriciana.
Bolognese.
Arrabiata.
Sonntag:
Pizza.
Abends:
Piazza –
Espresso
im Café.
Beobachten.
Andere Leben.

Andere Menschen.
Fantasieren,
über ihr Leben.
Wer sind sie?
Was tun sie?
Wen lieben sie?
Sind sie glücklich?
Streiten sie?
Trennen sie sich?
Was hat man ihnen angetan?
Was haben sie getan?
Glückliche Kindheit?
In Menschen schlüpfen,
sie erträumen,
sie entdecken.
Wie wird es weitergehen –
ihr Leben?
Fantasieren.
Noch ein Espresso.

An der Rezeption:
Jeden Morgen
ein Brief.
Aufgeklebte Herzen,
Schmetterlinge,
Maikäfer,
Kleeblätter.
Lächelnder Rezeptionist:
»Ihre Freundin? –
Buon appetito!«

Frühstück:
Croissant,
Tee
mit Zitrone.
Butter,
frische Erdbeermarmelade.
Spiegeleier.
Höhepunkt:
frisch gepresster Orangensaft.

Ich liebe sie,
die Briefe.
Ich hasse sie,
die Briefe –
Mamas Briefe.

41

Gefangenes Leben.
Unsichtbare Zellen.
Verschlossene Türen.
Fensterlose Räume.
Irrgärten.
Täuschungen.
Selbsttäuschungen.
Liebeslabyrinthe.
Zwangswesten.

Das Kind
erstickt.
Das erwachsene Kind
erstickt.
Immer noch.
Immer wieder.
Immer weiter.
Hat sich nicht befreit,
hat sich selbst eingewiesen.
Wollte gehen,
ist geblieben.
Konnte nicht gehen,

durfte nicht gehen.
Hätte gehen sollen,
hätte bleiben müssen.
Wollte alles zerreißen,
wollte alles zerschneiden,
wollte alles zerstören.

Stattdessen:
sind sie gegangen.
Haben das Leben
zerrissen,
zerschnitten,
zerstört.
Sind tot.

Das Kind bleibt übrig.
Im Nicht-mehr-lebend-Land,
im Dunkelland.
Im Schattenland.
Im Tränenland.
Im Verzweiflungsland.
Im hoffnungslosen Land.

Weiter leben.
Weiter atmen.
Weiter essen.
Weiter trinken.
Aufstehen?

Sinnloses Leben.
Trauriges Leben.
Einsames Leben.
Das große Kind hat schon lange
Tabletten gesammelt.
Weiße,
gelbe,
orange
Pillen.
Sauber verpackt,
gut gestapelt.
Wegbegleiter.
Immer dabei.
Wer weiß schon,
wann man sie braucht,
zum Sterben.
Für alle Fälle.
Für diesen Fall.

Begräbnis.
Ich stehe am Grab.
Papas Grab.
Tiefes Loch.
Letztes Zuhause.
Lächerliches Zuhause –
keine Adresse,
kein Türschild,
kein Klingelzeichen.
Schlichter Holzsarg,
liegt im Dunkeln.

Ich stürze mich
in das Grab.
Falle.
Werde aufgehalten.
Hände reißen
mich zurück.
Ich höre Schreie.
Sammle meine Kraft.
Will fallen,
in das Grab.
Sie reißen
und zerren.
Sie lassen nicht los.
Sie halten mich auf.

Ich brülle.
Ich schlage
um mich herum.
Ich explodiere.
Schweiß.
Tränen.
Animalisches Kreischen.
Kontrollverlust
am Sarg.
Tod.

42

Gute-Nacht-Geschichte
von Mama:

Frosch und Skorpion
stehen am Ufer.
Schmaler Fluss.
Frosch und Skorpion
wollen ans andere Ufer.

Skorpion fragt den Frosch:
»Darf ich auf deinen Rücken?
Nimm mich bitte mit,
ich kann nicht schwimmen.«

Frosch denkt nach:
»Du wirst doch zustechen.
Dein Gift wird mich töten.«

Skorpion schweigt,
kurz.
»Das wäre dumm von mir –
Selbstmord.«

Frosch schweigt,
kurz.
»Logisch«,
sagt Frosch,
nimmt Skorpion auf seinen Rücken
und schwimmt.

In der Mitte des Flusses:
ein Stich.
Frosch zum Skorpion:
»Jetzt sterben wir doch,
beide.«

Skorpion mit leiser Stimme,
leicht verzweifelt:
»Du hast recht.
Aber Skorpion
bleibt Skorpion.«

43

Papas Kampf gegen Mitleid:
Aussehen wie alle.
Nicht arm aussehen,
obwohl arm.
»Würde«,
sagt Papa.

Papas Kleiderschrank:
drei Anzüge.
Dunkelblau.
Hellblau.
Dunkelgrau.
Sieben Hemden.
Weiß.
Für jeden Tag
eins.
Sieben Krawatten.
Hellblau.
Dunkelblau.
Hellrot.
Dunkelrot.
Hellgrün.

Dunkelgrün.
Schwarz.
Für jeden Tag
eine.
Zwei Paar Schuhe,
schwarz.
Zum Wechseln.

Papas Kampf gegen Mitleid:
Morgens um sechs
gut riechen.
Papa
im Bad.
Mama und das Kind
im Bett.
Das Kind
beobachtet:
Zähne putzen.
Dicker Pinsel,
Rasierschaum.
Blick in den Spiegel.
Linker Arm –
Rasiermesser in der Hand.
Langsames,
ganz langsames
Gleiten über die Haut.
Genuss.
Noch einmal Pinsel,
noch einmal Rasierschaum,
noch einmal Rasiermesser,

noch mehr Genuss.
Gesicht mit Wasser waschen.
Frisches Handtuch,
abtrocknen.
Langer Blick in den Spiegel.
Flakon in der Hand.
Papas Hände,
voller Parfum,
bedecken das Gesicht.
Glücksmoment,
Papas Glücksmoment.

Armer Papa.
Hat gestunken,
im Ghetto.

Papas Kampf gegen Mitleid:
Messer und Gabel.
Manieren.
Wie isst man?
Wie trinkt man?
Wie sitzt man?
Wie öffnet man den Mund?
Wie schließt man den Mund?
Nicht schmatzen.
Welches Glas steht auf welcher Seite?
Wie viel trinkt man
auf einmal?
Wie viel isst man
auf einmal?

Gerade sitzen.
Ellenbogen anheben.
Gabel zum Mund.
Beobachten,
nachmachen,
üben,
versuchen,
so zu sein
wie die.
Mit Manieren
unauffällig
sein.

Papas Kampf gegen Mitleid:
Frankfurter Allgemeine Zeitung.
Abend für Abend,
zwei Stunden
lesen.
Nichts verstehen,
wenig verstehen,
ein bisschen mehr verstehen.
Sprache.

Papa sagt:
Sprache ist wichtig.
Sprache heißt
dazuzugehören.
Freiheit.
Mitreden.
Mitschreiben.

Mitdenken.
Papa weiß:
Es reicht nicht.
Sie merken es.
Ihm fehlen die Worte.
Ihm fehlt die Sprache.
Deutsch bleibt fremd.
Papa liest
die Frankfurter Allgemeine Zeitung.

Jetzt:
jeden Abend,
drei Stunden.

44

Höre auf
zu kämpfen,
dich zu wehren,
aufzubegehren.
Lass es,
Kind.
Sei kein dummes
Kind.
Sinnlos.
Ohne Sinn.

Erwachsenes Kind:
kämpfen.
Weiter,
immer weiter.
Steh still.
Leg dich hin.
Augen schließen.
Nicht atmen.
Lös dich auf,
unsichtbar.
Bist du sicher?

Hör auf.
Hör einfach auf.
Endlich.
Stillstand.
Warum nicht?

Du willst leben.
Wirklich?
Sagst du,
denkst du,
hoffst du.
Wirklich?
Atmen.
Lieben.
Wirklich?
Immer noch.
Altes Kind.
Warum?
Nichts verstanden.
Immer noch nicht?
Blutergüsse,
Narben,
Risse,
Wunden.
Weitermachen?

Eine Stadt:
eine Fußgängerzone.
Eine Demonstration.
Du hörst zu.

Ein wichtiger Mensch
steht auf dem Podium.
Um ihn:
Anzugträger,
Knopf im Ohr.
»Wehret den Anfängen«,
sagt er.
»Nie wieder«,
sagt er.
»Wir schämen uns«,
sagt er.
»Wir sind überrascht«,
sagt er.
»Das darf nie wieder passieren«,
sagt er.
»Wir sind solidarisch«,
sagt er.
Satz nach Satz:
Applaus.
Juden.
Schwule.
Schwarze.
Roma.
Sinti.
Brillenträger.
Menschen,
zu denen er spricht.
Menschen,
zu denen er sprechen sollte.
Kaum welche da.

Zu oft schon gesagt,
zu oft nichts getan.
Heuchler,
schreit es in dir.
Sonntagsredner,
murmelt es in dir.
Sinnlos,
denkst du dir.
Hilflos
bist du hier.
Wütend
wütet es in dir.
»Wie oft noch?«,
fragt es sich in dir.
Erst Hass, Gewalt,
dann:
Worte.
Leere Worte?
Wie lange noch?
Wie oft noch?
Hilflos?
Nein!
Nein,
schreit es in dir.
Stille.
Alle drehen sich um,
glotzen dich an.
Du hast geschrien,
laut:
Nein!

45

Kitzelattacke:
Das Kind im Bett.
Mama,
Papa auch.
Ritual.
Er links,
sie rechts.
Er die Füße,
sie den Unterbauch.
»Auf drei!«
Kitzelattacke.
Vier Hände,
die sich bemühen.
Arbeitsfinger
an den Füßen
des Kindes.
»Kitzel,
kitzel,
kitzel«,
sagt Papa.
Manikürte Finger,
bordeauxfarbener Lack,

Nagellack,
am Bauch
des Kindes.
»Kitzel,
kitzel,
kitzel«,
sagt Mama.
Sie lachen.
Das Kind auch.
Tut so,
als ob,
damit sie nicht weinen.

Knutschattacke:
Ritual.
Jeden Morgen
nach dem Zähneputzen.
Mal Mama,
mal Papa.
In den Arm nehmen.
Das Kind lässt sich fallen.
Umarmung.
Papa hat feste Arme,
drückt das Kind,
quetscht es.
Papa riecht so gut.
Das Kind schließt die Augen.
Will in Papa reinkriechen –
Schutzort.
Papa küsst,

drückt,
quetscht,
soll nicht aufhören.

»Schule«,
flüstert Papa,
»wir müssen los.«
Augen auf,
irgendwann,
irgendwie.
Papa sagt:
»Das ist deine Tankstelle,
Ladestation.«
»Hat es gereicht?«,
fragt Papa.
Das Kind nickt.
»Und dir?«,
fragt das Kind.

46

Gefühlskaskade,
Herzrhythmusstörung,
Pulsexplosion,
Blutdruck-Achterbahn,
Sternenaugen.

Sie: Ich mag dich.
Er: Ich habe Angst.
Sie: Ich beschütze dich.
Er: Geht nicht.
Sie: Vertrau mir.
Er: Was meinst du?
Sie: Ich bin da.
Ich werde da sein.
Er: Versprochen?
Sie: Versprochen!
Er: Wie oft schon –
Versprochen gebrochen.
Sie: Ich nicht.
Er: Vertrauen?
Wie kann man das?
Sie: Verstehe ich nicht.

Er: Wie kann man dem Vertrauen
vertrauen?
Sie: Verstehe ich nicht.
Er: Die man liebt, sterben.
Sie gehen,
sie verlassen dich.
Lebendig oder tot,
früher oder später.
Sie: Vertrau mir.
Ich bin da.
Ich werde da sein.
Er: Ich nicht.
Sie: Was meinst du?
Er: Ich bin nicht da.
Sie: Wo bist du?
Er: Neben mir.
Sie: Und wo noch?
Er: Irgendwo im Nirgendwo.
Sie: Dann komme ich dich besuchen.
Er: Dort gibt es keinen Bahnhof,
keinen Flughafen,
keine Straßen.
Sie: Ich finde einen Weg.
Er: Wie?
Sie: Mit der Liebe.

47

Karussell,
Karussell.
Jardin des Tuileries,
ein paar Schritte von zu Hause.
Schlosspark,
Louvre in der Nähe.
Im Süden:
die Seine.
Karussell,
Karussell.

Mittendrin:
Das Kind sitzt
auf einem Holzpferd.
Dreht sich,
dreht sich immer schneller.
Das Kind spürt den Wind,
schließt die Augen.
Schwindelaugen.
Das Karussell
dreht sich immer schneller.
Noch mehr Schwindel,

noch mehr Wind.
Alles dreht sich.
»Schneller!
Schneller!«,
schreit das Kind.

Das Kind fliegt
raus
aus dem Karussell.
Liegt
zerschmettert.
Karussell,
Karussell.

So zerbrechlich,
so sehnsüchtig,
so traurig.
Das kleine Kind,
das große Kind,
das erwachsene Kind.
Will fliegen
und stürzt.
Zarte Flügel,
reichen nicht aus,
schaffen es nicht.
Steh auf!
Leicht gesagt,
schwer getan.

Das erwachsene Kind
kriecht auf allen vieren.
Richtet sich auf,
fällt wieder hin.
Richtet sich auf.
Knochen knirschen,
Schmerzen,
innere Blutungen.
Steh auf!
»Ich will nicht mehr!«,
will das Kind schreien.
Steh auf!
Wieder auf allen vieren,
leicht aufgerichtet.
Es ist angerichtet.
Das Leben ist angerichtet.
Richtet an.
Steh auf
oder bleib liegen
für immer.

Nicht liegen geblieben,
bis jetzt.

48

Eines Tages
war das Kind
angekommen.
An einem schönen Ort
mit netten Menschen.
Ich war leicht
und lustig.
Obwohl ich nicht lustig sein kann.
Kein Talent. Zum Lachen.
Vielleicht irgendwann.
An diesem Ort,
an dem ich angekommen bin,
an dem ich angekommen sein werde,
den ich noch nicht kenne,
obwohl er in mir ist,
aber nicht rauswill aus mir,
gibt es den Klebstoff.
Ein Wundermittel
gegen Zerrissenheit.
Gegen alle Risse,
alle Verwundungen,
alle Blutungen.

Man muss sich das vorstellen:
Leben ohne Risse.
Glatte Haut.
Funktionierende Innereien.
Gesundes Herz.
Glückliche Seele.
Alles ist gut
an diesem Ort.
Manchmal
träume ich,
dass ich dort bin,
dass ich dort sein werde,
dass ich nicht mehr verblute,
ausblute.
Weil sie dieses Wundermittel haben.

Alle Wunden heilen
mit der Zeit.
Oder an diesem Ort.
Oder auch nicht.
Oder auch nie.

Ich kenne niemanden,
der dort war,
an diesem Ort.
Ich kenne viele,
die davon sprechen,
von diesem Ort.
Dieser Ort,
wo ich auch mal sein werde,

wo ich bin,
wo ich lustig sein kann,
Menschen zum Lachen bringe,
obwohl ich das doch nicht kann,
weil ich traurig bin
und es nur dann kann,
wenn ich nicht lustig bin,
wenn ich nicht dort bin,
an diesem Ort.
Sondern hier bin.

49

Therapiestunde:

Versprochen,
ich suche das Gute.
Wirklich.
Ernsthaft.
Versprochen.
Will es doch auch
kennenlernen,
finden,
entdecken,
genießen.

Wo ist es?
Sagt es mir!
Wo ist es?

Pause.

Schweigen.
Therapeuten schweigen.
Furchtbar,

das Schweigen.
Schweigen ist laut.
Schweigen tut weh.
Schweigen belästigt.
Ich weiß,
dass es das gibt,
das Gute.
Sie erzählen
doch davon,
alle.
Es ist da,
das Gute.
Gäbe es sonst die Welt?
Immer noch?
Wäre sie sonst noch da?

Therapeuten schweigen.
Antworten nicht.
»Das ist Therapie«,
sagen sie.
Ich soll antworten,
auf meine Fragen.
Aber wie?

Also noch einmal:
Ich suche
das Gute.
Ich meine
das wirklich Gute.
Ich meine

das große Gute.
Ich meine
das Ur-Gute.
»Verstehen Sie mich?«,
frage ich.
Schweigen.
Ich hasse dieses Schweigen.
Warum antwortet man mir nicht?
Sagt es mir,
erklärt es mir,
bringt es mir bei.

»Man muss es finden«,
sagt der Therapeut,
»man muss es suchen
und finden.
Wenn man es nicht wirklich will,
versteckt es sich.«
»Aber ich will!«,
schreit es aus mir heraus.
Der Therapeut sagt:
»Hier eine Parabel,
schon oft erzählt,
von vielen erzählt,
überall nachzulesen:

Warum haben Elefanten rote Augen?«
»Weiß ich doch nicht.«
»Damit sie sich besser im Kirschbaum verstecken
können.«

»Aber ich habe noch nie einen Elefanten in einem Kirschbaum gesehen!«

»Da kannst du mal sehen, wie gut die sich verstecken können!«

Ich brülle.
Was soll das?
Was für ein Unsinn?
Was für ein Blödsinn?
Was soll ich damit anfangen?
Was kann ich daraus lernen?

50

Zweiundneunzig Tabletten:
Einundsechzig weiße.
Fünfundzwanzig rote.
Sechs blaue.
Lebensbegleiter.
Verführung.
Verführerisch.

Kleiner, schwarzer Tisch
zweiundneunzig Mal
bunt geschmückt.
Das Meer rauscht.
Ruhiger Pulsschlag.
Blick aufs Wasser.
Stille.
Todesstille.
Lebensstille.
Ein Glas Wasser?
Zwei Gläser Wasser?
Drei Gläser Wasser?
Das reicht,
mehr braucht man nicht.

Die bunten Pillen flüstern:
Greif nach uns.
Wir warten schon so lange
auf dich.
Sehnen uns
nach dir.
Komm,
wir sind da.
Worauf wartest du noch?
Du willst uns,
schon so lange.
Hier gibt es nichts mehr.
Gab es hier je etwas?
Sag bitte nicht,
sag auf keinen Fall,
antworte nicht:
Das Leben.
Als hättest du das Leben gewollt.
Als hätte dich jemand danach gefragt.
Als hätte es dir jemand angeboten.
Lass es los,
wehre dich nicht mehr.
Es wird eh enden,
früher oder später.
Nimm endlich dein Leben in die Hand.
Reiß dich zusammen,
sei stark.
Wir sind deine Chance,
deine wirkliche Hoffnung,
deine Zukunft.

Die Tabletten lächeln,
ich auch.

51

Lebenslang
ein Fremder.
In diese Welt geworfen,
als Fremder.
Aus dieser Welt geworfen,
als Fremder.

Dazwischen:
zappeln,
strampeln,
schuften,
um nicht ein Fremder zu sein.
Illusionen,
Fantasien,
Selbstbetrug.
Kindische Hoffnung.
Aber doch vorhanden.
Ankommen,
irgendwo,
irgendwann,
zu Hause sein.
Heimat haben.

Angenommen,
aufgenommen sein.
Nicht allein,
nicht einsam sein.
Nicht rausfallen,
nicht runterfallen,
nicht wegfallen.

Hallo, Fremder,
da bist du ja.
Noch einer,
wieder einer.
Viele Fremde
werden dadurch nicht
nicht mehr Fremde,
nur weil sie viele Fremde sind.
Was ist das Gegenteil
von Fremder?
Ich löse mich auf,
bleibe trotzdem Fremder.
Ich gebe mich auf,
bleibe trotzdem Fremder.
Ich zerschmelze,
bleibe trotzdem Fremder.
Ich verbrenne,
bleibe trotzdem Fremder.
Ich gebe nach,
bleibe trotzdem Fremder.

Ich schreie:
»Bin kein Fremder!«,
bin trotzdem Fremder.
Ich bettle,
kein Fremder zu sein,
bin trotzdem Fremder.
Ich ritze mir die Haut,
bleibe trotzdem Fremder.
Ich ziehe mir eine neue Haut an,
bleibe trotzdem Fremder.

Rathaus:
Nicht mehr Fremder?
Viele Menschen,
Mittelkreis,
Kreis der Mitte.
Mitte-Menschen.
Dazugehörende Menschen,
sich dazugehörend fühlende Menschen,
als dazugehörend anerkannte Menschen.
Wichtige Menschen,
sich wichtig nehmende Menschen,
als wichtig gesehene Menschen.
Mächtige Menschen,
sich als mächtig fühlende Menschen,
als mächtig gefühlte Menschen.

Dabei:
liebe Menschen,
mich liebende Menschen.

Anlass:
Bundesverdienstkreuz.
Gemeint
als Auszeichnung,
Belohnung,
Hervorhebung
für irgendwas.
Was Wichtiges?

Mein Herz rast:
Ich will weg,
nur weg.
Ich bin hier falsch,
verfälscht.
Falsch gesehen,
falsch verstanden.
Meine Füße kleben
am Boden.
Bewegungsunfähig.
Erstarrt.
Mein Kopf glüht.
Alles fühlt sich falsch an,
ich mich auch.

Das neue Land.
Das jetzt andere Land.
Das sich anders fühlende Land.
Das Land, das gelernt hat,
so die Erzählung.
Das Land, das erzählt,

dass es gelernt hat,
verstanden hat.
Das »Nie wieder«-Land.

Familienaugen.
Fragende Augen,
Tränenaugen,
tote Augen.
Sie schauen mich an.
Über fünfzig Geister,
nicht eingeladen.
Über fünfzig Geister
tanzen um mich herum.

Ich bin:
Stolz.
Traurig.
Glücklich.
Verzweifelt.
Zerrissen.
Aufgewühlt.
Angepasst.
Sehnsuchtsvoll.
Erwartungsvoll.
Naiv.
Misstrauisch.
Aufgepumpt.
Tot.
Lebendig.
Das Kreuz

hängt an meiner Jacke.
Schwere Steine
ziehen mich runter,
ziehen mich rauf.

Der sichtbare Beweis:
Jetzt gehört er dazu.

Die Falle,
die Verführung,
die Illusion,
als wäre es Zauberei.
Die Oberbürgermeisterin lobt.
Wen meint sie?
Spricht von Versöhnung.
Was meint sie?
»Engagement«,
sagt sie noch.
Lächerlich,
denke ich.
Die Oberbürgermeisterin,
der Zauberlehrling,
die Auszeichnung,
der Trick.
Welcher Trick?
Wo sind die verblüfften Augen?
Der Aufschrei
des Entzückens,
des Entsetzens.

Eine Rede:
Ich stammle,
mit flüsternder Stimme:
»Ich bin
auf einem Friedhof
geboren.
Meine Eltern
waren die Friedhofsverwalter.
Ich war ihr jüngster Mitarbeiter.«

52

Das kleine Kind
nimmt das große Kind
an die Hand.
Will es umarmen.
Will sagen,
dass es sich lieb haben soll,
dass es geliebt wird,
dass alles gut gehen wird,
dass es beschützt wird,
dass es Vertrauen haben kann,
dass es nicht allein ist,
dass es nicht allein gelassen wird,
dass es nicht einsam sein soll,
nicht vereinsamen soll,
dass es Hoffnung gibt,
dass es Licht am Ende des Tunnels gibt,
dass es nur eine Frage der Zeit ist,
dass es das Glück gibt,
dass es glücklich sein muss,
dass das Leben zu kurz ist,
um nicht glücklich zu sein,
dass es schade um das Leben wäre,

dass das große Kind es verstehen soll,
dass es sich zusammennehmen soll,
dass es so nicht mehr weitergehen kann,
dass es sich Hilfe holen soll,
dass es Zukunft gibt,
weil es Vergangenheit gibt,
dass es Gegenwart gibt,
weil es Vergangenheit
und Zukunft gibt,
dass einem das so erzählt wird,
dass es das glauben soll,
dass es das anzweifeln soll,
dass es nichts glauben soll,
dass Glauben gefährlich ist,
dass es lernen soll,
dass es wissen soll,
dass es verstehen soll,
dass es ankommen soll,
dass es leben soll,
dass es das Leben spüren soll,
fühlen soll,
riechen soll,
schmecken soll,
dass es einfach leben soll,
dass das »einfach« leicht gesagt ist,
dass es schwer gelebt wird,
dass es schlafen soll,
ausschlafen soll,
viel schlafen soll,
dass es loslassen soll,

dass es schweben soll,
mit beiden Beinen fest auf dem Boden
fliegen soll,
dass es das Unmögliche riskieren soll,
weil es doch nichts zu verlieren hat.

Und wenn doch?

53

So ist das Leben:

Fehler, ein Leben lang,
Rechnung lebenslang.

Und das Glück?

54

Papa erzählt:

Die Tochter des Mächtigen heiratet.
Alle sind eingeladen.
Nur A. nicht.
Trotzdem,
A. geht zur Feier.
Festlich angezogen.
Sieht die vielen Menschen
reden,
lachen,
trinken.
Der Garten ist geschmückt,
Musik ertönt.
Der Mächtige,
umkreist von vielen Menschen.
A. gibt dem Mächtigen die Hand.
»Was machst du hier?
Du bist nicht eingeladen.«
A. flüstert dem Mächtigen ins Ohr:
»Das stimmt,
aber das wissen nur wir beide.

Wäre ich nicht gekommen,
wüssten es alle.«

Scham,
Kränkung,
Schmerz,
tiefe Wunden,
nicht erwünscht,
nicht gewollt.
Draußen,
außen,
unsichtbare Grenzen,
sichtbare Zäune.
So viel Kraft,
so viel Anstrengung,
so viele Versuche
reinzukommen,
dabei zu sein,
gesehen zu werden,
gehört zu werden.

Das Kind versucht es
lebenslang.
Blaue Flecken,
Kratzer,
Stacheldraht.
Polizisten.
Wichtigtuer.
Einheimische.
Schon immer da gewesen,

wollen keine Störung,
wollen nichts Neues.
Der Neue ist verdächtig.
Der Neue bringt das Neue,
stört,
nervt.
Alles ist doch gut.
Früher war es noch besser.
Do not disturb!,
an allen Fenstern,
an allen Türen,
an allen Wänden,
an allen Mauern,
in allen Ritzen.

Das Kind
versucht es immer wieder,
weiß selbst nicht warum.
Will nicht aufgeben,
will nicht nachgeben.
Will den Begrenzten
und den Begrenzenden
nicht das letzte Wort überlassen.

Das Kind,
es strampelt,
es kreischt,
es wehrt sich,
es sucht sich,
es bewegt sich,

immer noch,
weiter noch.

Das Kind,
es lebt.